99 Affirmations

Ultra-Puissantes pour les

Rencontres

Ayez Confiance en Vous, Abordez Qui
Vous Voulez, Trouvez l'Âme Sœur

Frank Costa

Table des matières

...

Je suis prêt à rencontrer l'amour de ma vie

Je sais transformer mes premiers rendez-vous en une expérience inoubliable

J'approche les gens que je trouve attrayant avec facilité

...

Introduction à la série

« Les seules limites sont celles que l'on s'impose »

Tout d'abord, je veux vous remercier et vous féliciter pour avoir téléchargé ce livre. Par cet acte en apparence si simple, vous démontrez à l'Univers que vous êtes prêt à agir pour devenir l'acteur et l'artisan de votre réalité, que vous avez décidé de faire ce qu'il fallait pour être plus heureux et plus épanoui.

Mais comment faire pour transformer ce premier pas en outil de changement puissant ? En utilisant un outil tout simple, gratuit, toujours disponible, qui ne demande que quelques instants chaque jour et qui ne nécessite aucun apprentissage : les affirmations.

Grâce à celles-ci, à la puissance du Verbe (qu'il soit prononcé verbalement ou intérieurement) vous reprendrez le contrôle de votre vie, un contrôle total si vous le souhaitez. Et pour cela, nul besoin d'attendre ou de suivre une formation : vous pouvez commencez aujourd'hui, et même maintenant !

On pourrait définir une affirmation comme une déclaration positive d'un fait ou d'un état comme s'il était déjà manifesté, formulée énergiquement et avec confiance. En réalité, vous le faites déjà tout ou long de la journée, souvent inconsciemment. Tout ce que vous pensez, tout ce que vous dites est une affirmation, une déclaration positive ou négative. Dès lors, il faut choisir avec soin ce sur quoi vous voulez vous focaliser, car cela tendra à se manifester ou se maintenir en l'état.

Les affirmations fonctionnent pour absolument tout, que ce soit pour améliorer vos conditions de vie, votre santé, trouver le travail de vos rêves, attirer la richesse… ou pour améliorer votre vie intérieure, progresser, rencontrer l'amour, vivre dans la joie, être respecté, vous défaire d'une habitude néfaste…

Quand vous constaterez les premiers résultats, qui arrivent parfois très vite, vous progresserez encore plus rapidement, car vous *saurez* que cela fonctionne. Débarrassé du doute et de la peur, vous reprendrez confiance en votre pouvoir créateur naturel et cela accélérera la manifestation de vos affirmations.

Les affirmations sont connues depuis les temps les plus reculés et sont utilisées avec succès par tout ce que le monde compte de champions, de grands sportifs, d'hommes d'affaires ayant réussi, de stars du cinéma ou de la chanson, de scientifiques brillants...

Comme eux, vous aussi pouvez apprendre à débloquer votre pouvoir et votre potentiel pour atteindre tous vos objectifs et relever tous les défis de la vie, qui sont là pour vous faire grandir en vous poussant à vous dépasser.

Pour utiliser efficacement les affirmations, vous n'avez qu'une chose à faire : vous en servir au quotidien, le plus souvent possible, avec foi et confiance. Si ces deux derniers éléments sont absents au départ, ou vous quittent par moment, ne vous inquiétez pas et continuez à travailler sur votre réalité à l'aide de vos affirmations. Au bout de quelques temps, des signes commenceront à apparaître qui vous indiqueront que vous êtes sur la voie de la transformation, et cela vous redonnera confiance.

Bien sûr, si vous affirmez une phrase telle que « *L'argent vient à moi facilement chaque jour* » et que votre réalité actuelle ne vous permet même pas de payer vos factures, vous allez en être conscient. Le but des affirmations n'est pas de vous mentir à vous-même ou de vous masquer la réalité des choses.

Le but est tout simplement de transformer la réalité actuelle en utilisant le pouvoir du Verbe. Donc, au bout d'un certain temps, les affirmations commencent à transformer votre paysage intérieur. **Tout commence toujours à l'intérieur, pour se**

manifester à l'extérieur. On peut également dire, en renversant cette proposition que **tout ce que vous voyez se manifester dans votre vie est le reflet de votre paysage intérieur.** C'est la même chose. Le monde est un miroir.

Par conséquent, en affirmant la richesse là où se trouve la pauvreté, la santé là où se manifeste la maladie, la joie là où il y a la tristesse, vous décidez d'effacer une illusion pour la remplacer par une qualité d'essence divine. En persévérant dans cette voie, en maintenant une nouvelle vision, l'Univers n'a pas d'autre choix que de modeler votre réalité sur votre paysage intérieur, car les deux sont indissociables.

Quand votre réalité commence à changer, vous devez continuer à faire votre part et à travailler avec l'Univers. Bien qu'il soit possible que des choses semblent se manifester « comme par magie » dans votre vie et que ce qu'on nomme « la chance » vous accorde ses faveurs, vous aurez en général à concrétiser des opportunités et à saisir les occasions quand celles-ci se présenteront.

Comme vous dégagerez des vibrations positives, vous commencerez à attirer sur votre chemin les personnes et les situations qui vous permettront d'avancer en direction de votre but. Et comme vous saurez pourquoi ces personnes et ces situations se manifestent, que vous saurez que c'est la réponse de l'Univers à votre requête, vous aurez la confiance et la motivation nécessaires pour agir. Vous n'hésiterez pas, que ce soit pour accepter un nouveau poste, prendre des responsabilités ou procéder à des changements radicaux dans votre vie. Vous vous sentirez maître de votre destin et vous libérerez de la peur paralysante et des doutes sclérosants.

Les affirmations contenues dans ce livre sont suffisamment nombreuses et variées pour que vous trouviez celles qui vous correspondent. Elles sont là pour être utilisées, alors servez-vous en !

Explorez-les sans limites. Si certaines d'entre elles entrent en résonance avec vous au départ mais qu'au fil du temps elles vous touchent moins, sentez-vous libre d'en changer. Vous pouvez même écrire les vôtres ! L'important est qu'en les utilisant, vous sentiez qu'elles vous transforment d'une manière positive et qu'elle vous donnent une énergie nouvelle. En travaillant de cette façon, des miracles se produiront dans votre vie.

Comme pour leur choix, ne vous limitez pas quant à leur utilisation. Vous pouvez utiliser les affirmations tout le temps et partout, en toutes circonstances. Elles peuvent aussi bien vous être d'un grand réconfort dans les épreuves et les situations compliquées que quand tout va bien. Ne cessez jamais de les utiliser.

Si vous êtes dans une phase négative, elles ont le pouvoir de transformer rapidement la situation de la meilleure manière possible. Si vous êtes dans un cycle positif, elles contribueront à le maintenir et l'embellir encore.

Au-delà de la résolution de problèmes et de l'atteinte d'objectifs, travailler quotidiennement avec les affirmations vous reconnecte avec l'énergie divine, ou l'énergie universelle si vous préférez ce terme. Peu importe que vous ayez une croyance ou non. Faites exactement ce qu'il faut faire, suivez la méthode que je vais détailler pour vous dans un instant, et vous obtiendrez des résultats qui dépasseront toutes vos espérances.

Vous êtes ici pour être heureux, sains, ne manquant de rien et vous réalisant à travers l'activité qui vous correspond et qui sera utile pour le plus grand nombre. Vous êtes unique et vous avez quelque chose d'unique à offrir au monde. En utilisant les affirmations, vous serez naturellement amené à vous accomplir.

L'utilisation des affirmations est comme un raccourci, une voie express vers la manifestation de ce que vous voulez dans votre vie. Si vous ressassez toujours vos problèmes, que vous vous plaignez de ce qui vous fait souffrir, vous affirmez une réalité et empêchez tout changement de fond.

Peu importe que vous ayez raison ou tort, ou que votre problème soit « réel » et vous paraisse insurmontable. Si vous voulez vraiment vous en débarrasser et renaître à une vie nouvelle, vous n'avez pas de temps à perdre à ruminer des idées et des sentiments négatifs, que ce soit envers vous ou envers d'autres personnes, la société, Dieu, la météo ou que sais-je encore.

Au lieu de cela, dites adieu à votre ancien monde et accueillez **dès aujourd'hui et sans réserve** celui que *vous* aurez choisi. Cela est si simple que vous vous demanderez très bientôt comment vous avez pu abdiquer votre pouvoir créateur pour nourrir les faux maîtres que sont vos propres pensées et sentiments négatifs, pures illusions sur lesquelles vous avez toujours eu prise.

La Méthode

Vous savez maintenant ce que sont les affirmations et ce qu'elles peuvent faire pour vous. Il est temps à présent de vous en servir.

Voici la méthode simple en trois étapes pour obtenir des résultats rapides :

1. **Choisissez** entre trois et sept affirmations parmi celles qui suivent + créez la vôtre.
2. **Répétez** ces affirmations tranquillement le matin au réveil et le soir avant de vous coucher + le plus souvent possible au cours de la journée.
3. **Écrivez**-les sur un cahier dédié chaque jour, au minimum une fois, dans l'idéal entre 10 et 25 fois chacune.

Combien de temps devez-vous pratiquer cela ? Jusqu'à ce que vous ayez atteint les résultats attendus. Cela peut-être très rapide ou un peu plus long. Il s'agit d'implanter une nouvelle vision des choses, de nouvelles croyances et de nouveaux sentiments dans votre subconscient. Dès l'instant où cela est fait, les changements suivent automatiquement.

Un minimum de 21 jours est recommandé dans tous les cas. Une « cure » d'affirmations sur un sujet donné de 90 jours transformera votre vie dans le sens que vous souhaitez et même au-delà.

Une fois votre but atteint dans un domaine, vous pouvez vous consacrer à un autre domaine et ainsi de suite. Vous êtes redevenus maître de votre vie. Repoussez les limites. Amusez-vous à créer votre réalité avec des objectifs de plus en plus grand.

Et rappelez-vous que les seules limites que nous rencontrons sont celles que nous nous imposons.

Note sur les affirmations

Bien que la plupart des affirmations qui suivent soient formulées au présent et de manière positive, certaines échappent à cette règle. En effet, comme toute règle, celle-ci n'est pas absolue et chez certaines personnes, le fait de désigner un mal ou d'indiquer ce que l'on souhaite pour le futur peut générer un puissant sentiment de bien-être et de sécurité, sentiments contribuant à accélérer la manifestation. Si tel est votre cas, n'hésitez pas à inclure une ou deux affirmations de ce type dans votre sélection.

D'autre part, certaines affirmations sont très proches l'une de l'autre et peuvent *sembler* quelque peu répétitives. Toutefois, tout comme en musique, les nuances sont importantes et chaque terme a une vibration qui lui est propre, chaque tournure de phrases fera résonner différemment en vous les mots qu'elle contient.

Essayez de trouver les affirmations qui suscitent chez vous le plus d'émotions positives. Ce sont celles avec lesquelles vous obtiendrez les meilleurs résultats, dans les délais les plus courts.

Affirmations

J'ai confiance dans le fait que les gens me trouvent attrayant

Je suis irrésistible auprès des gens que je rencontre

Je suis amusant et les autres aiment passer du temps avec moi

J'attire l'attention de gens agréables et amusants

Je sais quand il faut arrêter de parler de moi-même et écouter

Je sais toujours exactement quoi dire

J'accepte le rejet avec une attitude positive

Je tire le meilleur de toute conversation

Je suis confiant et à l'aise avec moi-même

Je suis capable d'avoir une conversation intéressante avec qui je veux

J'ai une personnalité magnétique et attractive

Je m'accepte, peu importe ce qui se passe

J'aborde toujours les autres sans hésitation

A partir de maintenant, je vais laisser l'amour trouver naturellement sa place dans ma vie

Je suis une personne dynamique et intéressante

J'ai le désir intense de trouver mon parfait compagnon

Je suis plus confiant en moi-même chaque jour

Je suis drôle et beau

Je vais trouver l'amour vrai parce que je l'attends dans ma vie

Je sais poser les bonnes questions pour apprendre à connaître quelqu'un

Je suis irrésistiblement drôle et joyeux

Je n'ai pas peur de faire le premier pas

Je suis approché par les autres partout où je vais

Je suis naturellement sociable et confiant

J'irradie une énergie attrayante et attirante

J'entraîne les autres avec mon énergie positive

Je sais que mon véritable partenaire m'attend comme je l'attends

Je ne crains pas d'aborder une personne qui me plaît

Je montre toujours mon meilleur visage

Je reconnaîtrai mon âme sœur au moment où nous nous rencontrerons

Je deviens plus attrayant chaque jour

Je suis toujours heureux de rencontrer une nouvelle personne

J'ai une énergie qui attire naturellement les gens

Je ne renoncerai jamais jusqu'à ce que je trouve l'amour

Je suis toujours positif et sociable en public

J'approche les gens que je trouve attrayant avec facilité

Je sens que mon partenaire parfait arrive dans ma vie

Je sais transformer mes premiers rendez-vous en une expérience inoubliable

Les gens gravitent naturellement autour de moi

Je sais qu'il y a quelqu'un pour moi quelque part

Je trouve l'amour dans des endroits inattendus

Je suis excellent pour décoder le langage du corps

Je rends tous mes rendez-vous inoubliables pour l'autre personne

Je sais quel genre de personne je recherche

J'ai le droit d'être heureux avec quelqu'un

Je sais qu'il existe quelqu'un avec qui je voudrais être

Je sais éveiller la curiosité de toute personne qui me plaît

Je sais être patient que je sais que je vais trouver mon âme sœur

Je sais entretenir une conversation intéressante

Je me rapproche à chaque instant de l'amour de ma vie

Cela m'amuse d'approcher et de rencontrer de nouvelles personnes

J'ai tout ce dont j'ai besoin pour être le compagnon parfait

Je n'hésiterai pas pour approcher mon compagnon parfait

Je suis constamment et naturellement de plus en plus attractif

Je vois l'amour fleurir tout autour de moi

J'aime être approché par de nouvelles personnes

Je suis inondé d'énergie d'attraction par l'Univers

Je suis une belle personne, à l'intérieur comme à l'extérieur

Je ne me laisse pas décourager par une mauvaise rencontre

Je ne perds pas mon temps avec les gens qui ne me plaisent pas

Je suis en mesure de choisir qui je veux rencontrer

J'éprouve beaucoup de plaisir à rencontrer de nouvelles personnes

Je n'ai pas peur d'entamer une conversation

Je sais être attentif à ce que me disent les personnes que je rencontre

J'attire des personnes dynamiques et intéressantes

Je sais comment faire passer un bon moment à quelqu'un

Je suis une personne inoubliable

J'attire des gens formidables dans ma vie

Je suis amusant et accessible

J'ai beaucoup à offrir à la personne qui m'aimera vraiment

Je vais tomber profondément amoureux très bientôt

Je suis relié à l'esprit de la personne avec qui je veux être

Je suis une personne naturellement sexy et séduisante

Je peux sentir que mon compagnon parfait m'attend également

Je suis déterminé à trouver la bonne personne pour moi

Je possède la totalité des qualités que les gens recherchent

Je demande les coordonnées d'une personne avec une confiance totale, sachant qu'elle le fera

Je ne cesserai pas de faire des rencontres jusqu'à ce que je trouve LA personne

Je développe constamment une personnalité toujours plus attrayante

Je suis à l'aise avec l'idée de séduire la personne que je désire

Dorénavant, je prendrai le risque d'aborder la personne que je veux

Je vais trouver mon âme sœur

J'attire mon âme sœur dans ma vie

Je me rapproche de mon partenaire idéal chaque jour

Je suis sincèrement intéressé quand je parle avec quelqu'un

Je suis à l'aise avec ma propre personnalité

Je suis une belle personne avec qui les autres sont fiers d'être

Je suis une belle personne qui mérite d'être aimée

Je suis prêt à rencontrer l'amour de ma vie

Je suis détendu et calme quand je suis à un rendez-vous

J'attire naturellement les gens partout où je vais

Je suis intelligent, attrayant et tout le monde est heureux de me voir

Je suis très attrayant pour les autres

Je suis capable de maintenir une conversation intéressante

Je suis naturellement une personne polie et romantique

Je me sens ouvert à la conversation avec quiconque

Je vais sortir et rencontrer quelqu'un aujourd'hui

Je n'ai pas peur du rejet
Je suis intéressant et attrayant

+

Inspirez-vous de ce qui précède, et rédigez ici *votre affirmation*.

En guise de conclusion

Les affirmations ci-dessus sont très puissantes mais n'oubliez pas que si vous ne vous en servez pas... il ne se passera rien.

Pour obtenir des résultats, il vous faut pratiquer sur une base quotidienne. La répétition est un facteur-clé. Il vous faut transformer vos vieux schémas de pensées pour les remplacer par de nouveaux que *vous* aurez choisi.

Suivez simplement le plan en trois étapes simples que je vous ai présenté en introduction et regardez ce qui se passe.

Vous êtes au bord d'un changement de vie radical, qui vous conduira vers la richesse, le bonheur, la santé, l'épanouissement personnel dans tous les domaines de votre vie et la réalisation de vos rêves les plus chers.

Ne laissez pas votre mental vous bloquer et *pratiquez* sans cesse, au besoin *malgré* le doute et le découragement car

« *L'heure la plus sombre précède toujours l'aube* »

Alors des miracles se produiront dans votre vie.

C'est tout le bonheur que je vous souhaite.

Frank

Merci !

Avant de nous quitter, je veux vous remercier et vous féliciter une nouvelle fois pour avoir pris le temps de lire ce livre.

Si vous avez aimé ce que vous y avez découvert ou si vous voulez témoigner des changements positifs survenus en pratiquant la méthode simple exposée ici, pourriez-vous prendre quelques instants pour laisser une évaluation sur le site d'Amazon ?

Chaque commentaire est précieux et permet aux auteurs de toujours s'améliorer, et aux lecteurs de se repérer dans la multitude de livres existant.

Merci à vous !

www.ingramcontent.com/pod-product-compliance
Lightning Source LLC
Chambersburg PA
CBHW071317280526
45788CB00004B/1925